すぐに役立つ

消しゴムはんこ
2000図案

江口春畝

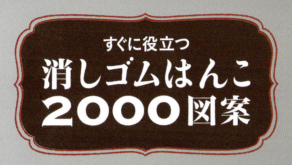

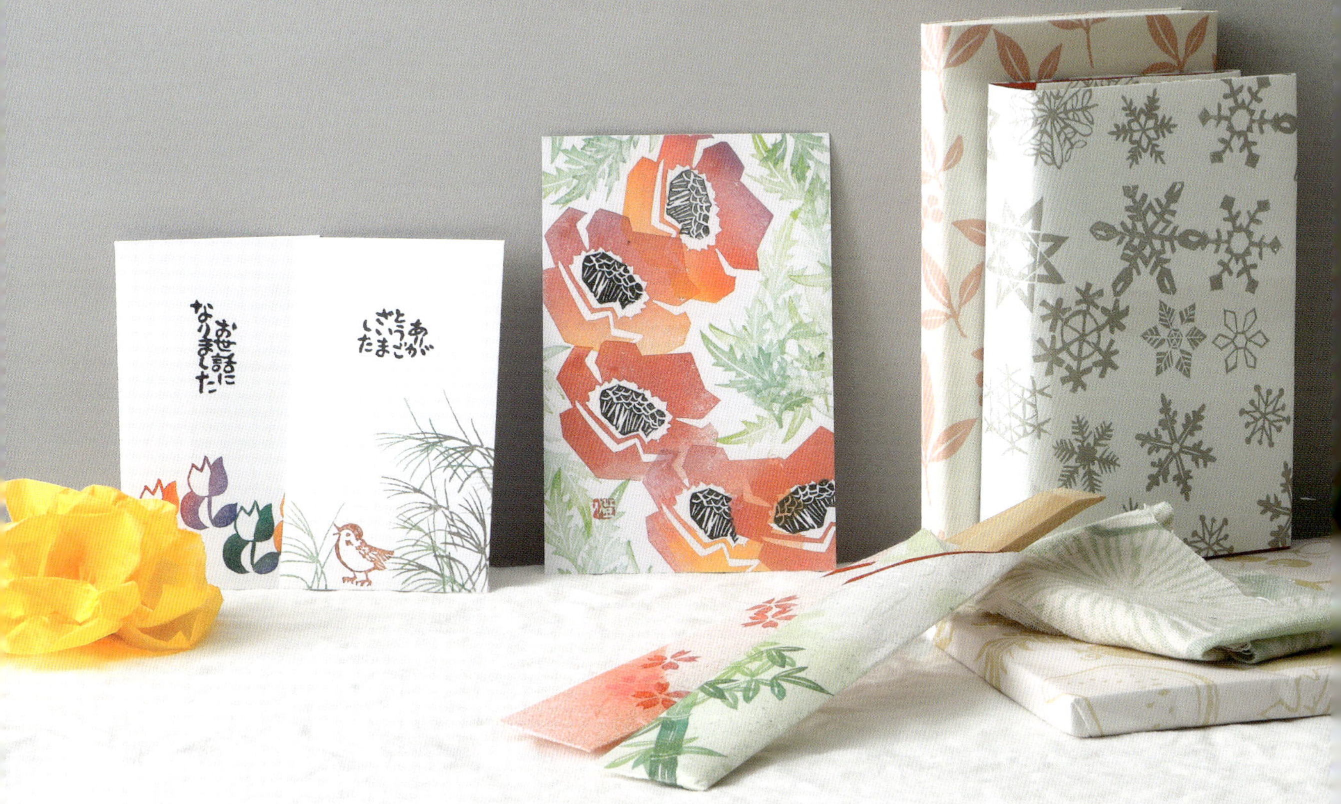
お世話になりました
ありがとうございました

日貿出版社

はじめに

消しゴムはんこの世界へ、ようこそ！
消しゴム板に好きな図案を転写して彫っていけば、誰でも簡単にはんこづくりが楽しめます。消しゴム板は適度な弾力があるので彫りやすく、彫っていくうちに時間も喧騒も忘れ、無我の境地に至ります。

押し方もさまざま。はがきやポチ袋のような小さなものから、展覧会に出品するような大作まで。服や器など、身の周りのものに押して、自分だけの一点ものも作れます。ひとつのはんこをたくさん押したり、色を変えて押してみたり、表現方法は自由です。デザインを考え、彫り、押す。ひとつで三度も楽しさを味わえるなんて、素敵だと思いませんか？

20数年前に乳癌を患い、少々落ち込んでいた時に、カラフルな消しゴムはんこに出会い、元気百倍。すっかりとりこになりました。何年か経って少しずつ教えるようになり、主婦業だけだった私の世界が徐々に広がっていきました。転勤してきた外国の方の独特の色彩感覚に感心したり、お子さんの夏休みの宿題をお手伝いして新鮮な表現にびっくりしたり、固定観念にとらわれていた自分の脳みそがちょっとやわらかくなったような気がします。

ここに出版の機会を与えて下さった深沢紅爐先生、ならびに画材協力をして下さったメーカー各社様、日貿出版社の皆々様にお礼と感謝を申し上げます。

江口春畝

二〇一五年七月吉日

もくじ

※目的に応じて、図案を拡大縮小コピーして使用しましょう。
※刃物を扱う時は、怪我をしないよう十分注意しましょう。
※色分けしたい部分が小さかったり細かい場合は、版を分けて彫るときれいに押せます（7ページ参照）。

基本的な道具と材料

消しゴムはんこを彫って、押してみるのに必要な道具です。文具店、画材屋さん、またはネットショップなどで購入できます。

（メーカーお問い合わせ先は96ページに掲載）

1 はんこ用消しゴム板
いろいろな色やサイズがあります。

2 はがき

3 試し押し用の紙

4 トレーシングペーパー

5 2Bの鉛筆

6 デザインカッター
30度の刃を使用します。

7 丸刀
広い面を彫るのに便利です。

8 三角刀
消しゴム専用の先の細いものを使います。

9 ナイフ
消しゴム板のカットに使用。カッターでもよい。

10 スタンプインク
さまざまな色や形のものがあります。

11 スタンプ用クリーナー
印面のインクを拭き取る時に使います。

12 刷毛
背景にぼかしを入れたい時に使います。スポンジでもよい。

13 カッティングマット

14 綿棒
スタンプインクをつけて細かい部分に入れます。先の尖ったものが便利。

15 爪楊枝
小さな穴を開けるのに便利。目打ちでもよい。

16 練り消しゴム
細かな彫りくずを取り除きます。歯ブラシでもよい。

簡単な作り方

「りんご」を彫ってみよう

1 図案にトレーシングペーパーを重ね、2Bの鉛筆で線のみ濃くしっかりと写し取ります。ここでは、りんごの実とそれ以外の部分を別々に彫ります。

2 トレーシングペーパーに写した図案を裏返して、消しゴム板に当て、上から爪やカッターの柄などでこすって、転写します。

3 消しゴム板を、図案のサイズに応じてカットします。図案の周囲を3ミリほど残して、切り落としましょう。

4 色をつけたい部分を残しながら、デザインカッターや彫刻刀で彫ります。カッターは少し傾けて持ち、彫り跡が台形またはV字形になるように角度をつけて刃を進めます。

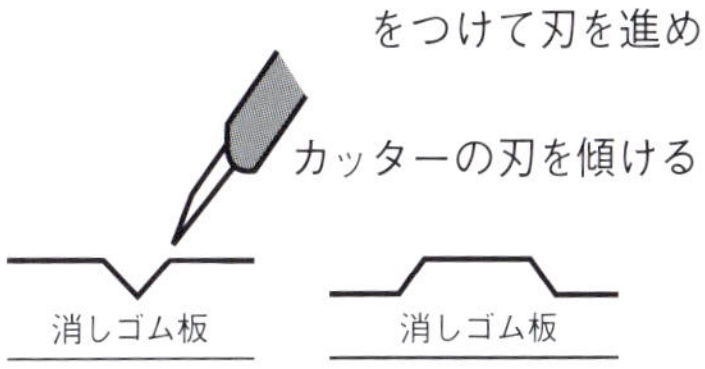

5 細かな点には爪楊枝、細いラインには三角刀を使います。彫り終わったら、図案の周囲を1ミリほど残してカットします。

6 細かな彫りくずは、練り消しゴムや歯ブラシで取り除きます。試し押しをして仕上がりを確認。微調整をして完成です。印面の上下が分かるように、裏側に印《しるし》を入れましょう。

「りんご」を押してみよう

実とそれ以外の印影を組み合わせると「りんご」になります。葉と軸は、緑と茶色のインクで色分けしました。

図案の線の部分を残して彫ると、線画のような表現が出来ます。広い面は丸刀で彫ります。

印面にスタンプインクを付けた後、ティッシュペーパーで部分的に拭き取ると、光沢が表現出来ます。更に、インクをつけた綿棒で白い部分に少し色を入れると、周囲となじみます。

刷毛にスタンプインクを薄くつけて、とんとんと色を置くと、ぼかしのような背景ができます。

※目的に応じて、図案を拡大縮小コピーして使用しましょう。　※刃物を扱う時は、怪我をしないよう十分注意しましょう。

消しゴムはんこ図案集

季節の花、木、犬、建物……いろいろな図案が登場します。
さあ、あなたもワクワクしながら
ページをめくってみませんか？

※

※杉田久女：「こだまして 山ほととぎす ほしいまま」

草花　春

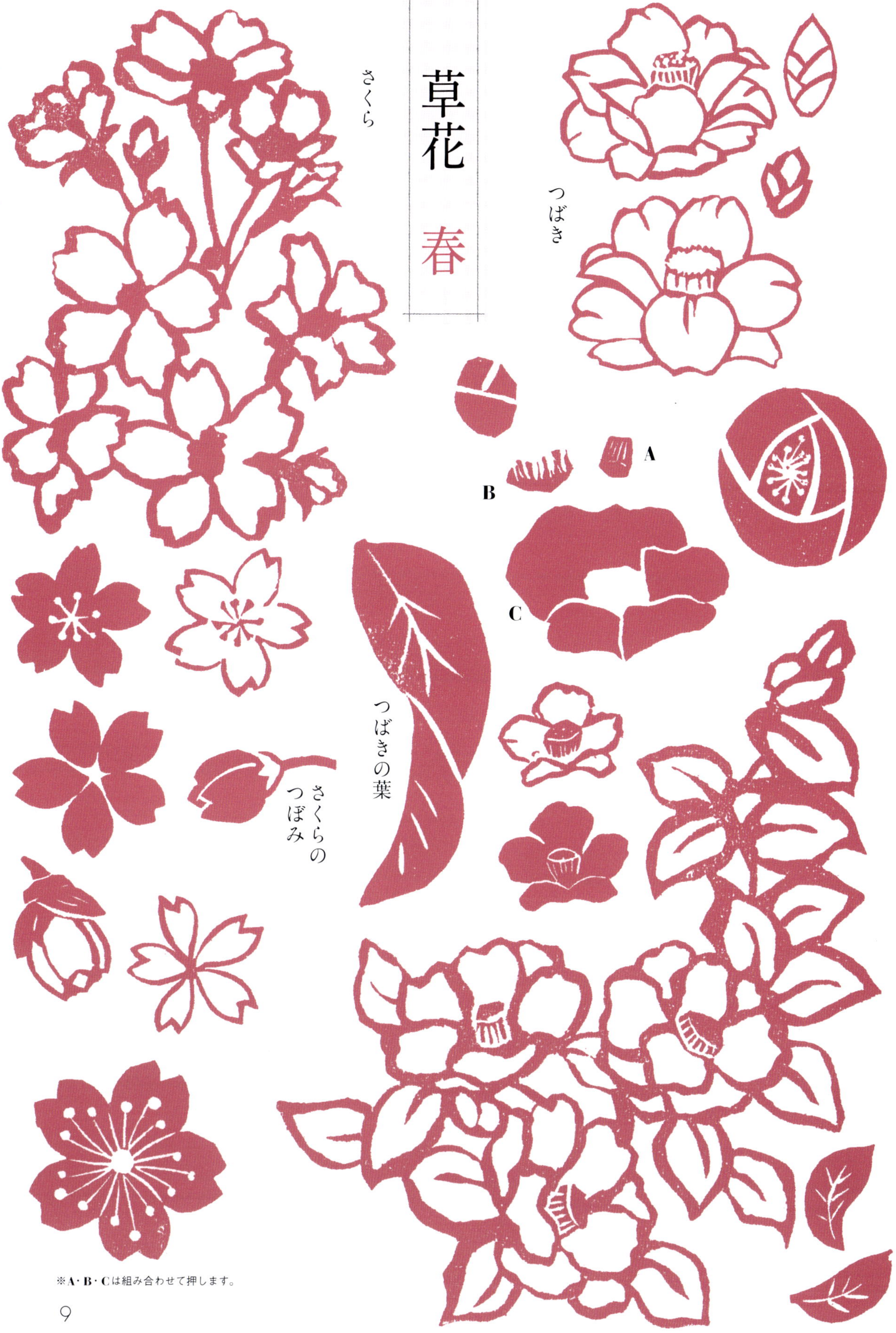
さくら
つばき
A
B
C
つばきの葉
さくらのつぼみ

※A・B・Cは組み合わせて押します。

※A・B・C・D・Eは組み合わせて押します。

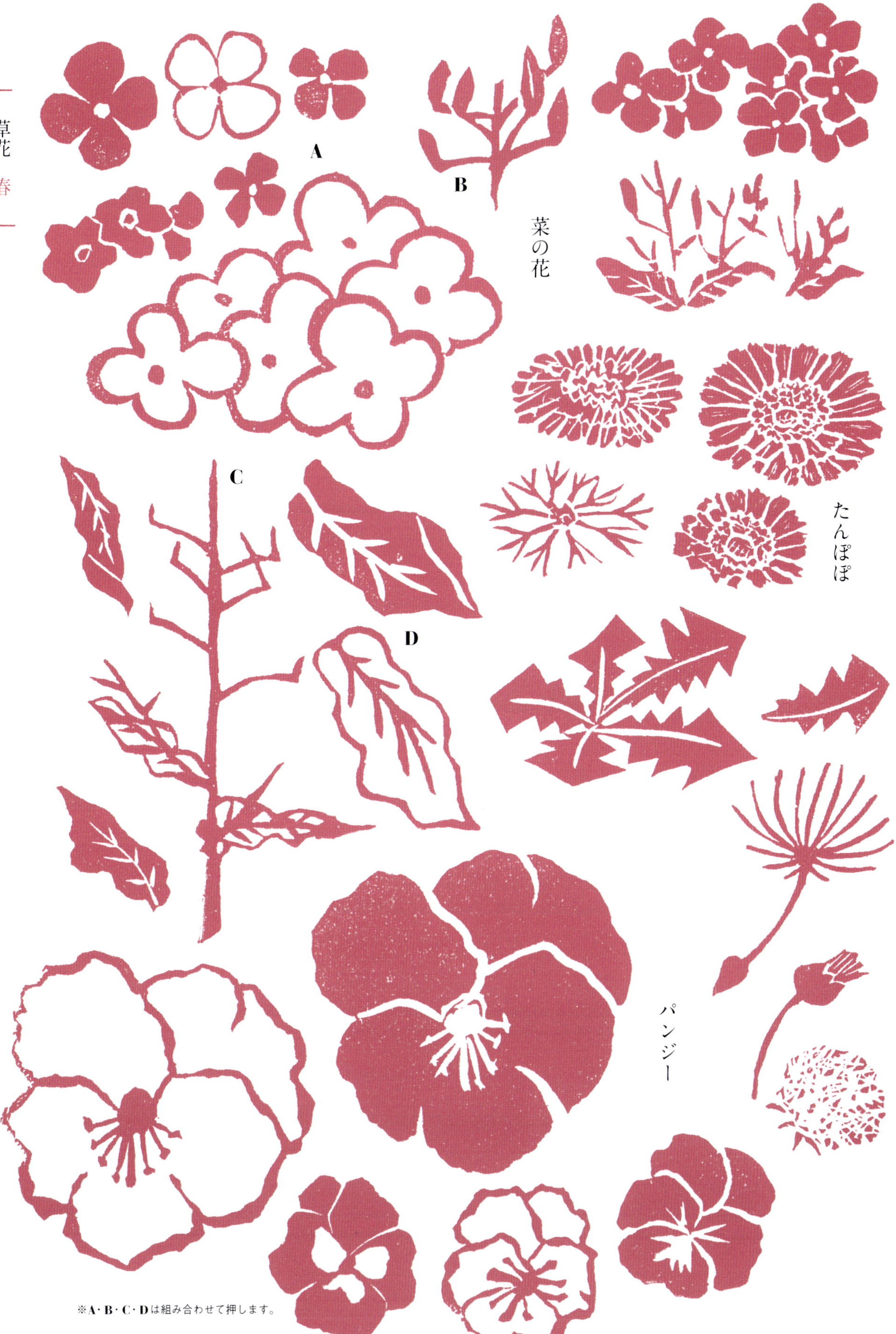

※A・B・C・Dは組み合わせて押します。

チューリップ

ぼたんの花と葉

ふきのとう

福寿草

※A・BとC・Bはそれぞれ組み合わせて押します。

草花　夏

あやめ・菖蒲

ばら

ばらの葉

ゼラニウム

※A・BとC・Dはそれぞれ組み合わせて押します。

あさがお

あじさい

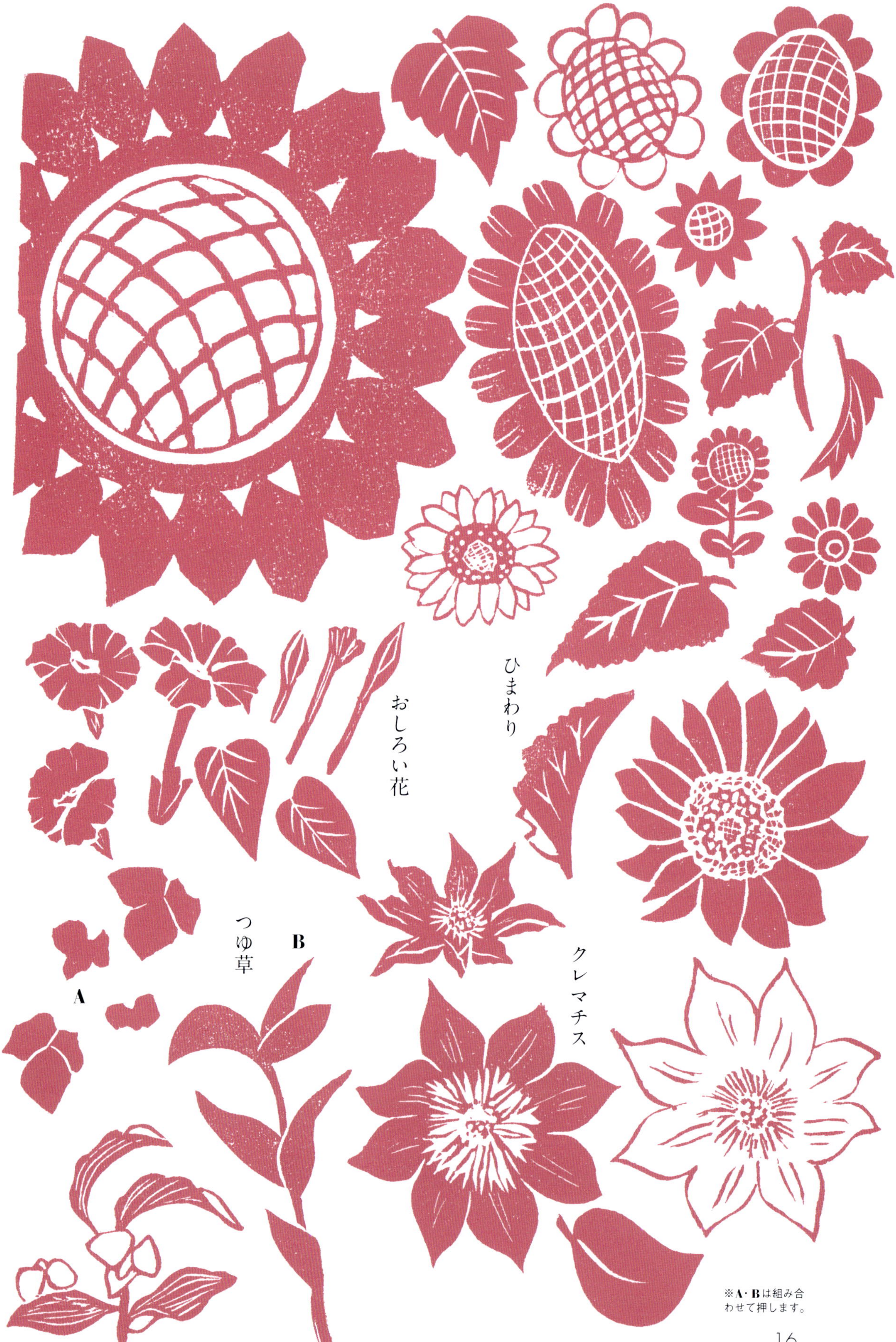

※A・Bは組み合わせて押します。

草花
秋

竜《りん》胆《どう》

吾《われ》亦《も》紅《こう》

ほおずき

葡《ぶ》萄《どう》

葉鶏頭

つた

鶏頭

秋の七草

すすき

桔梗《ききょう》

彼岸花
コスモス
つわぶき
からすうり

菊

菊の葉

草花

冬

シクラメン

落ち葉

南天

ななかまど

樅《もみ》の木

水仙

梅の花と木

草木いろいろ

やつで

※A・BとC・Dはそれぞれ組み合わせて押します。

アブチロン
はまなすの花
はまなすの葉
どくだみ
クローバー

花
芥子《けし》

※A・Bは組み合わせて押します。

A

B

樹木

※A・Bは組み合わせて押します。

野菜・果物

※A・Bは組み合わせて押します。

パイナップル
すいか
メロン
洋なし
ぶどう
かぶ
さくらんぼ
かき
りんご
くり
みかん
くり
ざくろ
びわ

きのこ
なす
きゅうり
れんこん
かぼちゃ
にんじん
さやえんどう
たけのこ
とうもろこし
さくらんぼ
いね
ふきのとう
かぶ
大根
いちご
たまねぎ

生き物

いぬ

ねこ

ぞう
ライオン
しか
キリン
らくだ

馬

羊

猿

猪

羊

牛

ねずみ

虎

ねずみ

うさぎ

熊

パンダ

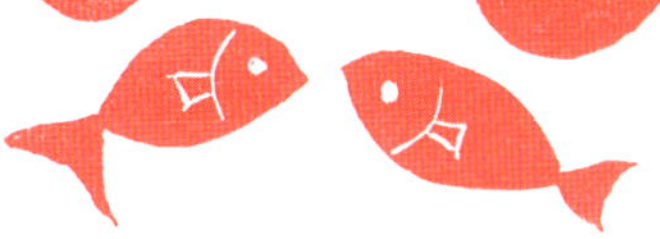

りす

鶏

小さな鳥

生き物

鳥

※A・Bはそれぞれ組み合わせて押します。

とんぼ

蟻

かぶとむしと
くわがた

蛙とかたつむりと
あじさい

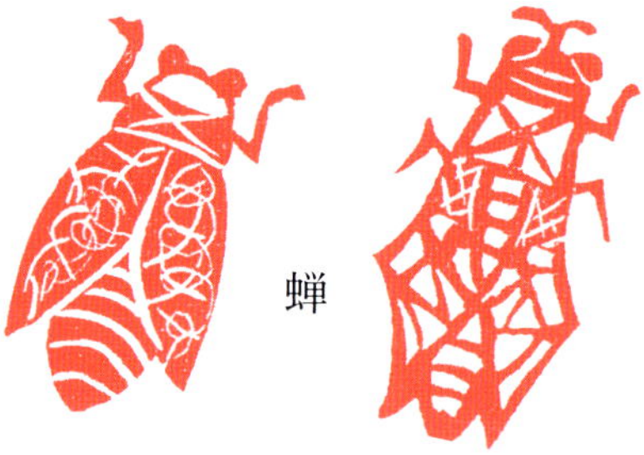

蟬

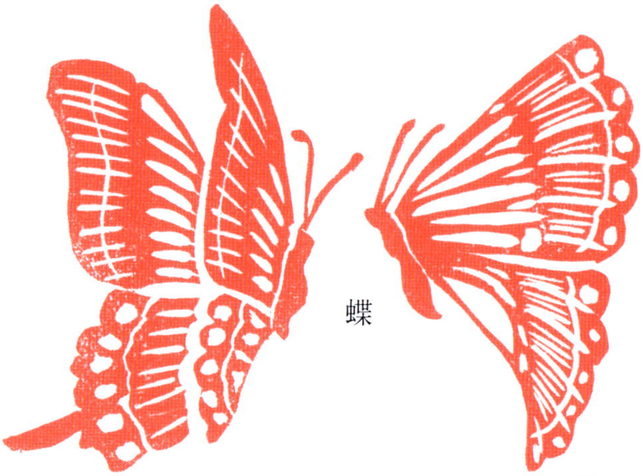

蝶

蛍

亀

蟹

魚

魚

波

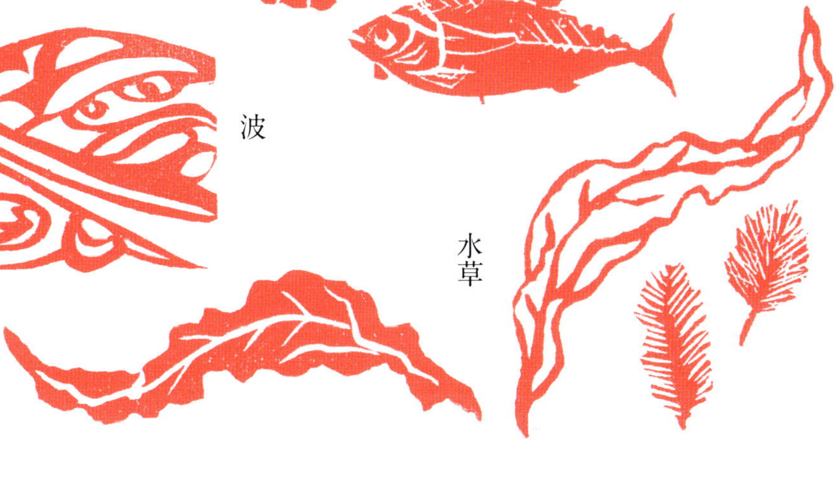

水草

アザラシ

オットセイ

シャチ

イルカ

クジラ

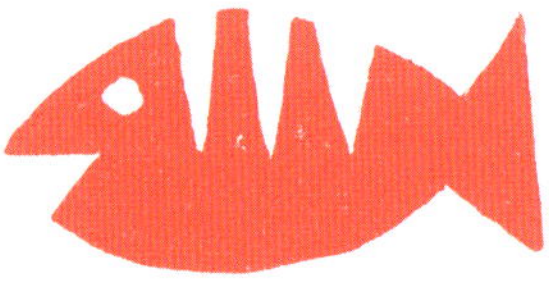

魚

魚と水草

魚介類

人物・人形など

宮廷装束の人

人

こども

こども

人形・仏像・お面

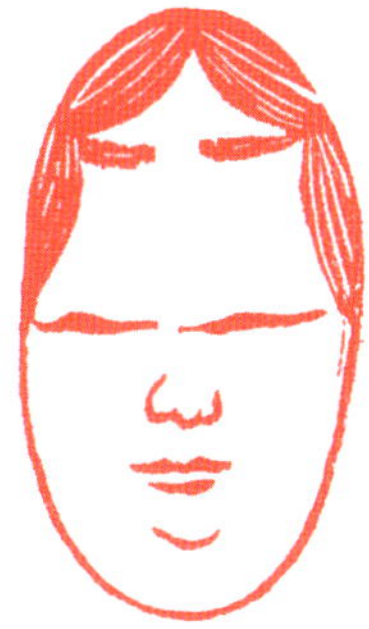

人形

押し方いろいろ

組み合わせに決まりはありません。あなたの感性で無限のバリエーションを
楽しみましょう。ここでは、はがきなどに
押した作例をご紹介しました。

田園風景のはんこを二つ並べて。
木や山の色を変えれば、秋の風景にも。

季節の便りにあしらって

新生活が始まる春。太陽のまぶしい夏。お気に入りのはんこを使って、
親しい人にお便りを出してみませんか。
手づくりの一枚が、あなたの心を届けます。

2

3

手作りのうちわで、
夏を楽しく！

「鳥獣戯画」から。
古典的な図案も
俳句と組み合わせれば
楽しくなります。

1 作詞：相馬御風／作詞：弘田龍太郎「春よ来い」より
2 山村暮鳥「風景」より
3 小林一茶「悠然として 山を見る 蛙かな」

雪どけの季節を
読んだ句に合わせて。
背景は刷毛で入れました。

大切な人にお便りを

秋から冬にかけての落ち着いた風情、
ハロウィンやクリスマスといった行事の楽しみ、春を待つ心。
消しゴムはんこなら、様々な表現が可能です。

Merry Christmas

雪の結晶の
バリエーションを
楽しみましょう。

にぎやかに押して、
メリークリスマス!!

1 種田山頭火「日ざかり 地蔵さまの かおがにこにこ」
2 小林一茶「雪とけて 村いっぱいの 子供かな」

無地の紙に連続して押せば、
オリジナルの模様紙に。

感謝の気持ちを
はんこに託して。

あると便利なプチなコたち

ほんのちょっと、気持ちが伝わればいいんです…。
相手の方にもプチ・サプライズ。はんこのチカラで心が和むやりとりを。

ちょっとしたお礼も、
はんこを使って
さりげなく。

季節感のあるはんこで、おもてなし。
食事の時の会話もはずみます。
おめでたい図案や干支などを押すと、
お正月用にも。

「笑う門には福来たる」。
励ましのおたよりにも。

年賀状もはんこを使えば、
あなただけの
オリジナルができあがり。

普段使いのはんこが あら、変身！

はんこを組み合わせて、年賀状や吉祥を願うお便りを作ってみましょう。
印刷したものとはひとあじ違う、真心のこもった一枚になります。

くらし

春

※A・BとC・Bはそれぞれ組み合わせて押します。

A

B

母の日

かごと花

※A・Bは組み合わせて押します。

くらし 夏

金
お父さん
ありがとう
お父さん
ありがとう
暑さOK！
パパへ
今日も一日
お疲れさま

氷
氷
涼風

くらし
秋

HALLOWEEN

くらし

冬

ケーキの型

A

B

※A・Bは組み合わせて押します。

※**A**・**B**と**C**・**D**はそれぞれ組み合わせて押します。

福

福はうち
家内安全

建物・乗り物など

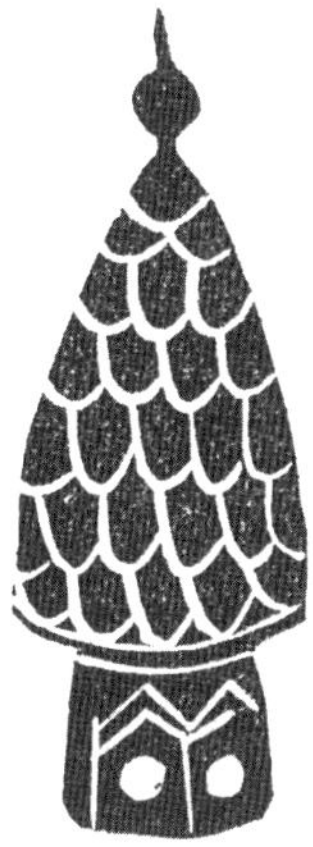

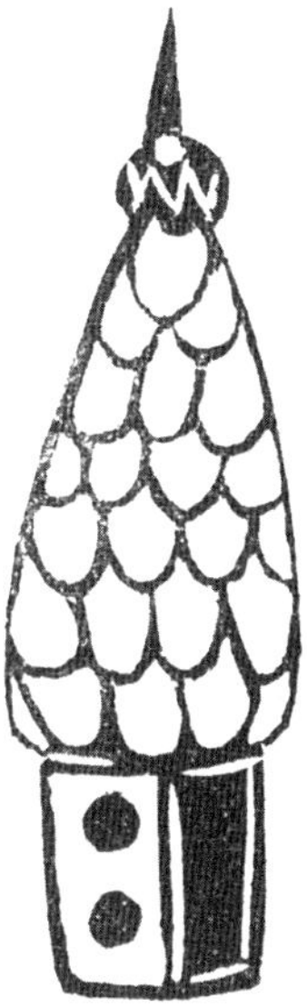

東京タワー

東京スカイツリー®

文字・飾り など

今日も一日お疲れさま
お元気ですか?

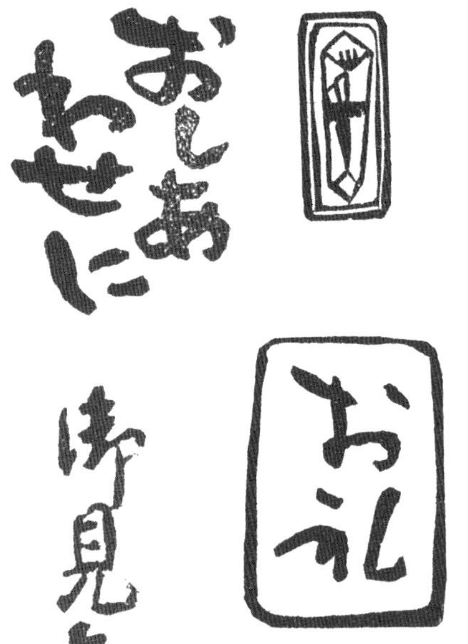
おしあわせに
お礼

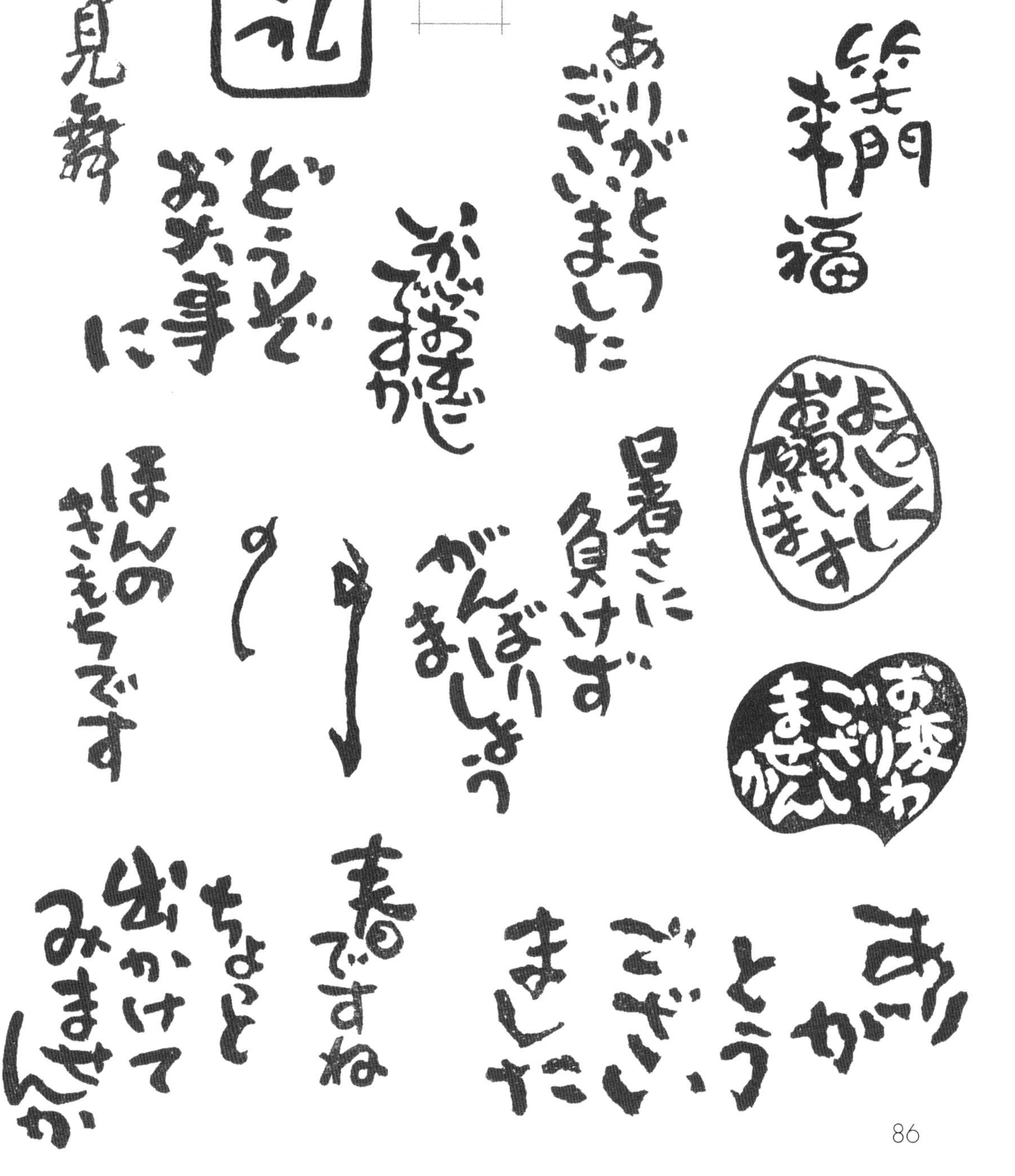
笑門来福
ありがとうございました
よろしく願います
暑さに負けずがんばりましょう
いかがおすごしですか
どうぞお大事に
御見舞
お変わりございませんか
のし
ほんのきもちです
ありがとうございました
春ですね
ちょっと出かけてみませんか

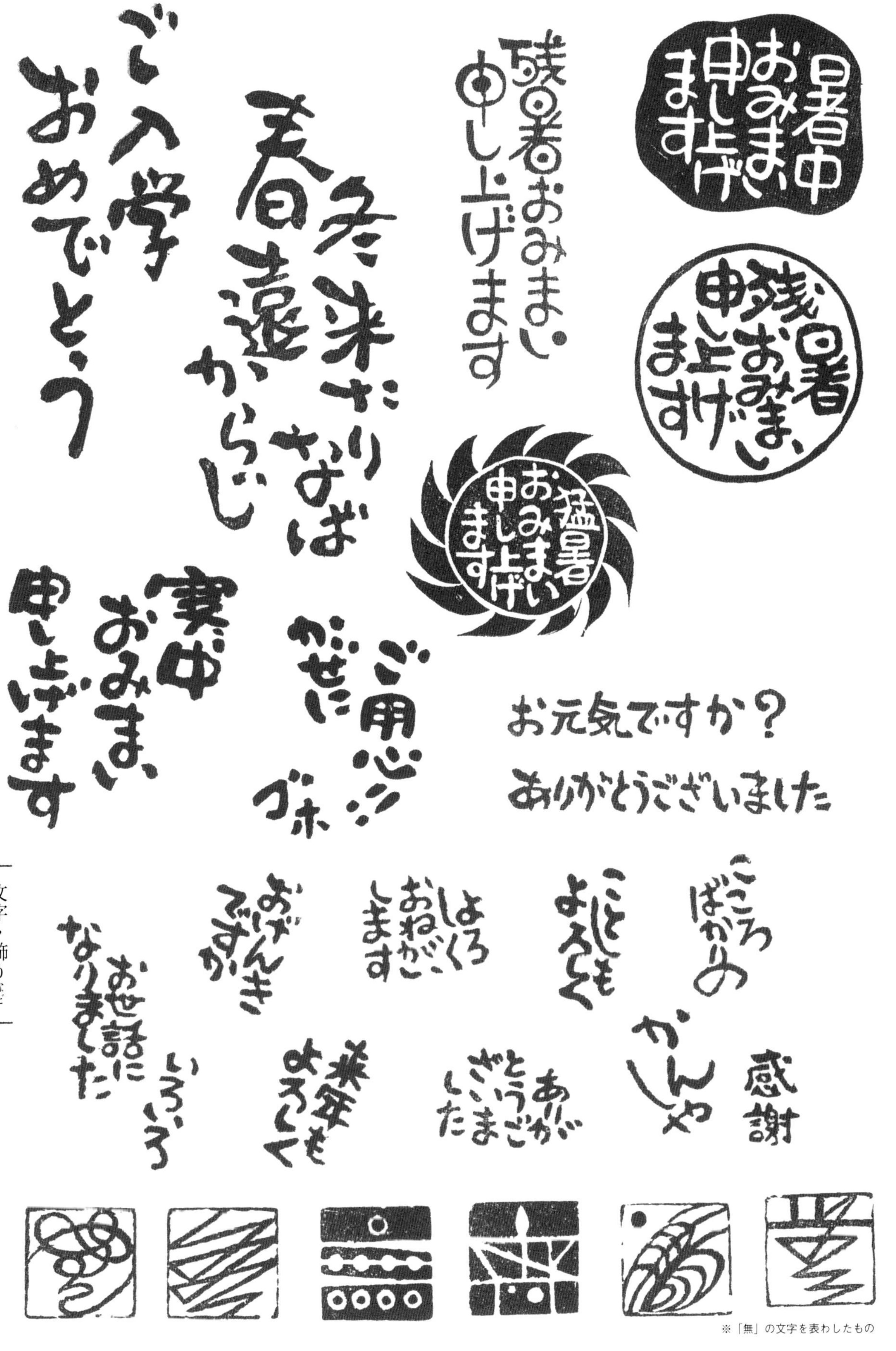
暑中おみまい申し上げます
残暑おみまい申し上げます
残暑おみまい申し上げます
猛暑おみまい申し上げます
冬来たりなば春遠からじ
ご入学おめでとう
寒中おみまい申し上げます
かぜにご用心!!
ゴホ
お元気ですか？
ありがとうございました
こころばかりの
ことしもよろしく
よろしくおねがいします
おげんきですか
お世話になりました
感謝
かんしゃ
ありがとうございました
本年もよろしく
いろいろ

※「無」の文字を表わしたもの

Happy New Year
賀
迎春
謹賀新年
HAPPY NEW YEAR
迎春
Happy New Year
あけまして
おめでとう
ございます
元旦
元旦
元旦
元旦
元旦
元旦
元旦
賀正
新年のおよろこびを
申しあげます
ことしも
よろしく
おねがい
します
寿

※「元旦」の文字を十二支で表わしたもの

Thank You

Merry
Christmas

Welcome

Merry
X'mas

Happy
Wedding

THANK YOU

FOR
YOU

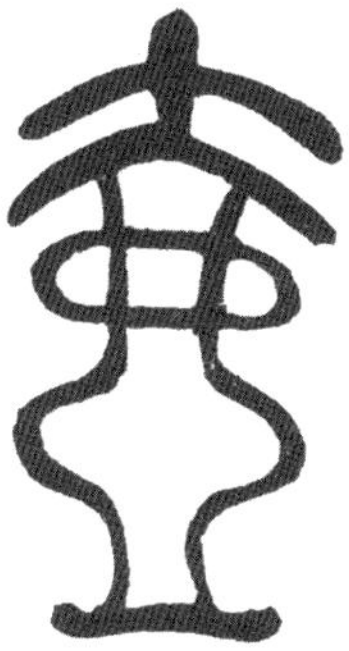

※「壺」の文字を表わしたもの

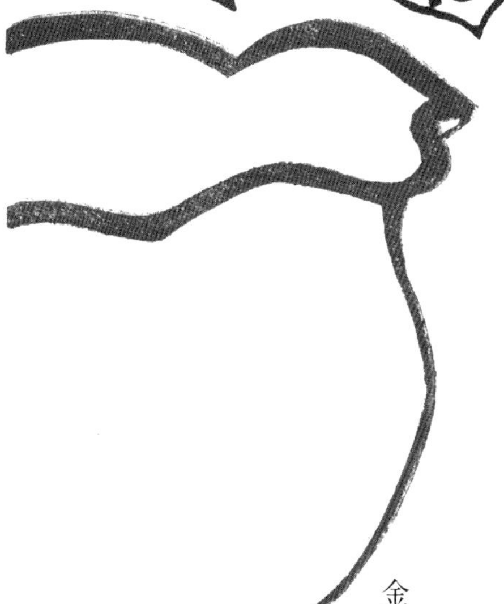

金魚鉢

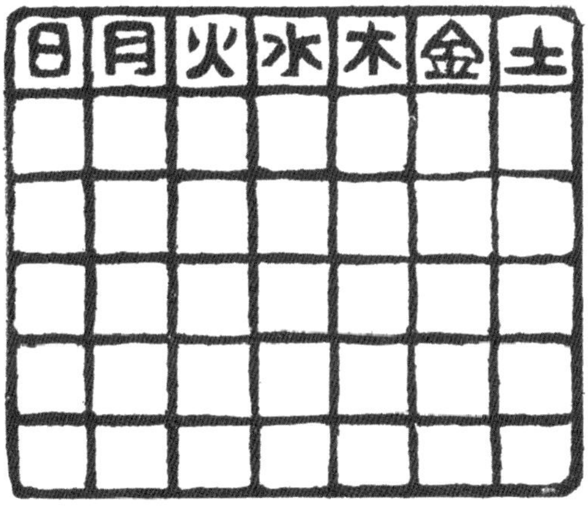
日 月 火 水 木 金 土

金魚すくいの「ポイ」
虫めがね

プチはんこ

寿

寿
祭

江口春畝（えぐち・しゅんぽ）

1948年生まれ。神戸市出身。消しゴム印ほかを深沢紅爐、ろうけつ染めの書を坂本聴琴、篆刻を江屹に師事。消しゴム印・石印・抜き文字・染紙とのコラボレーションを追求している。国内はじめ中国・タイ・ロシアなど海外にも出品。日本遊印アート協会展にて東京新聞賞、インテリアの書展にてエメラルド賞、タイ・アジアにおける日本美術展にてシリキット王妃杯、書道学士院展にて兵庫県議長賞ほか、受賞歴多数。個展３回開催。日本遊印アート協会評議員。よみうりカルチャーなどで講師を務める。共著書に『消しゴムはんこで世界旅行』（小社刊）がある。千葉県船橋市在住。

すぐに役《やく》立《だ》つ

消《け》しゴムはんこ2000図《ず》案《あん》

●定価はカバーに表示してあります

2015年8月18日　初版発行
2018年11月10日　4刷発行

著　者　江《え》口《ぐち》春《しゅん》畝《ぽ》
発行者　川内長成
発行所　株式会社日貿出版社
東京都文京区本郷5-2-2　〒113-0033
電　話　(03) 5805-3303（代表）
F A X　(03) 5805-3307
郵便振替　00180-3-18495

印刷　株式会社ワコープラネット
写真撮影　小山幸彦

ISBN 978-4-8170-8213-8　http://www.nichibou.co.jp/

画材協力

消しゴム板

●ヒノデワシ株式会社
〒131-0032
東京都墨田区東向島1-7-8
電話：03-3619-0456（代表）
Fax：03-3612-2155
http://www.hinodewashi.co.jp/

●株式会社シード
〒534-0013
大阪市都島区内代町3丁目5番25号
電話：06-6951-5436（代表）
Fax：06-6954-7851
http://www.seedr.co.jp/

スタンプインク

●有限会社こどものかお
〒164-0003
東京都中野区東中野3-12-2
電話：03-3360-9806（代表）
Fax：03-3360-9805
http://www.kodomonokao.com/

●株式会社ツキネコ
〒101-0021
東京都千代田区外神田5-1-5
末広JFビル5F
電話：03-3834-1080
Fax：03-3834-1050
http://www.tsukineko.co.jp/

彫刻刀

●道刃物工業株式会社
〒673-0452
兵庫県三木市別所町石野945-32
電話：0794-82-3331
Fax：0794-83-5707
http://www.michihamono.co.jp/

カッター

●エヌティー株式会社
〒546-0012
大阪市東住吉区中野4丁目3-29
電話：06-6702-1551（代表）
Fax：06-6702-1652
http://www.ntcutter.co.jp/

はがき

●ハート株式会社
〒540-0019
大阪市中央区和泉町2-1-13
電話：06-6942-2322（代表）
Fax：06-6945-1029
http://www.heart-group.co.jp/